SNAPPY
WORD
FIND
PUZZLES

by Marybeth Murasko

Watermill Press

Printed in the United States of America.
ISBN 0-8167-0018-4
10 9 8 7 6 5 4 3 2

HOW TO SOLVE
WORD FIND PUZZLES

Look on the diagram of letters for the words given in the Word List. Find the words by reading FORWARDS, BACKWARDS, UP, DOWN and DIAGONALLY—but always read in a straight line.

Each time you find a word in the diagram, circle it, then cross it off the Word List. Remember, words often overlap and letters may be used more than once.

If you want to solve a puzzle without the Word List, just cover the list or fold the page back.

Answers are at the back of the book.

1
Abracadabra

Astrology

Audience

Cards

Dove

Fortune

Hat

Houdini

Hypnosis

Illusion

Magic

Magician

Mystery

Rabbit

Riddle

Rope

Spell

Spirits

Tricks

Wand

Witch

4

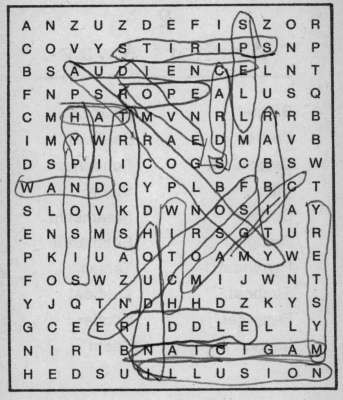

```
A N Z U Z D E F I S Z O R
C O V Y S T I R I P S N P
B S A U D I E N C E L N T
F N P S R O P E A L U S Q
C M H A T M V N R L R R B
I M Y W R R A E D M A V B
D S P I I C O G S C B S W
W A N D C Y P L B F B C T
S L O V K D W N O S I A Y
E N S M S H I R S G T U R
P K I U A O T O A M Y W E
F O S W Z U C M I J W N T
Y J Q T N D H H D Z K Y S
G C E E R I D D L E L L Y
N I R I B N A I C I G A M
H E D S U I L L U S I O N
```

Solution is on page 66.

2
Anchors Away

~~Barge~~	~~Rowboat~~
~~Carrier~~	~~Sailboat~~
~~Catamaran~~	~~Schooner~~
~~Clipper~~	Sloop
~~Cutter~~	~~Steamship~~
~~Dredge~~	~~Submarine~~
~~Ferryboat~~	~~Tanker~~
Fireboat	~~Tugboat~~
Freighter	Whaler
~~Launch~~	~~Yacht~~

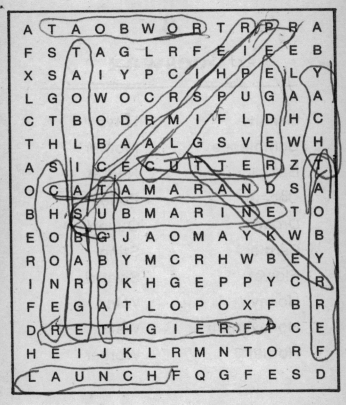

```
A T A O B W O R T R P P R A
F S T A G L R F E I E E B
X S A I Y P C I H P E L Y
L G O W O C R S P U G A A
C T B O D R M I F L D H C
T H L B A A L G S V E W H
A S I C E C U T T E R Z T
O C A T A M A R A N D S A
B H S U B M A R I N E T O
E O B G J A O M A Y K W B
R O A B Y M C R H W B E Y
I N R O K H G E P P Y C R
F E G A T L O P O X F B R
D R E T H G I E R F P C E
H E I J K L R M N T O R F
L A U N C H F Q G F E S D
```

Solution is on page 67.

3
Beeswax

Beehive	Larvae
Bumblebee	Mother
Buzz	Nectar
Cocoon	Pollen
Drone	Queen
Farmer	Sting
Flower	Swarm
Honey	Wasp
Honeycomb	Wax
Hornet	Worker

```
R E N B C A E V I H E E B
A E H O Y F D E N O Y N U
L M H H N P B V E Q N O O M
B F B T W W S F M E V R B
C V F L O W E R D Y P D L
C G M P Z M H B L F Z Z E
L N L Y Z R Y M U N R O B
A E L R U A V G Q Z P O E
R E K R O W I S K W Z B E
V U C W A S P O L L E N E
A Q K A D T F H Z H S E L
E H V X E I D P N Z Q C M
Z Z J N T N Q I J S T T W
D I R S B G C R E M R A F
C O C O O N C D F H L R M
H O N E Y C O M B N U W P
```

Solution is on page 68.

9

4
Buried Treasure

Ambush	Mutiny
Cannon	Pirate
Crew	Sailor
Dock	Sea
Galley	Shipwreck
Gangplank	Shore
Harbor	Skipper
Land	Spyglass
Lantern	Treasure
Lighthouse	Vessel

```
G D O C K S P Y G L A S S
A M B G N R E N M L G S H
N M W A A O S I U C I A I
G U B N P L S E T A R I P
P T O U L H L R I N A L W
L E A M S T C E N N H O R
A I R E A H A R Y O B R E
N L M R B A N E N N W P C
K W A L E R O P I G H I K
N E A O R B N P R O O S S
R R P L U O O V E S S E L
E C P L S R E A P H I A A
T R E D A H A R P O E T N
N I N Y E T G F I R A E R
A A M U R A T E K E S E V
L I G H T H O U S E G P S
```

Solution is on page 69.

5
Careers

Accountant	Lawyer
Architect	Librarian
Artist	Mechanic
Astronaut	Model
Banker	Musician
Carpenter	Nurse
Chef	Pilot
Dentist	Scientist
Doctor	Secretary
Engineer	Teacher

```
A C C O U N T A N T N B H
R A H B C E T N E P B A C
T C E T I H C R A T A N A
I E F D B F C G D H E K R
S X L A R W Z N U R S E P
T O L I P I L J M D K R E
E N A I C I S U M E L L N
A P S M A S T R O N A U T
C N A R O T C O D T W O E
H B P R C S D T E I Y U R
E A E B L C M W L S E A V
R M E C H A N I C T R B L
I M E N G I N E E R J C K
E D N L Y R A T E R C E S
L I B R A R I A N M O S P
Q S D E T S I T N E I C S
```

Solution is on page 70.

13

6
Count Your Change

Bond	Ingot
Bullion	Nickel
Cash	Pence
Change	Penny
Check	Pound
Coin	Quarter
Dime	Shilling
Dollar	Silver
Funds	Stocks
Gold	Wallet

```
C H E I O N C C N I D O Q
D A N O B L H A O N K N U
T S S C G L H E I G L N A
E H T H O C P C S I E Y R
L S O E L I E D D M S K T
L A C C D W N O T X V L E
K P K K I U C H A N G E R
C E S L F I E H S A O D C
I N P O U Q U A T L T I O
R E V D O G D U F O R C I
E N I L D N U O P L G E B
V G B O N D I M E E D N O
L W A L L E T I N K O I I
I B U L L I O N N C H C N
S H I L L I N G Y I H A D
N D O L L A R O A N L U B
```

Solution is on page 71.

7
E.T.

Afraid	Home
Alien	Lovable
Alone	Michael
Candy	Movie
Earthlings	Ouch
Elliott	Phone
E.T.	Spaceship
Friendly	Stranded
Gertie	Terrestrial
Hide	UFO

T	E	R	R	E	S	T	R	I	A	L	E	B
A	A	C	E	I	P	G	H	L	L	E	L	C
D	R	M	O	T	A	P	S	T	O	A	L	A
E	T	U	A	R	C	C	A	E	N	H	I	N
D	H	G	H	E	E	U	F	O	E	C	O	D
N	L	L	M	G	S	O	R	U	I	I	T	Y
A	I	P	S	T	H	U	A	C	V	M	T	A
R	N	C	E	F	I	I	I	H	O	M	E	G
T	G	H	L	M	P	O	D	P	M	S	T	U
S	S	X	C	E	H	F	G	E	A	H	L	M
O	P	S	T	L	O	V	A	B	L	E	U	A
C	E	F	G	H	N	L	M	O	I	P	S	T
U	A	C	E	F	E	G	H	L	E	M	O	P
S	T	U	A	C	E	F	G	H	N	L	M	O
P	S	T	U	A	C	E	F	G	H	L	M	O
F	R	I	E	N	D	L	Y	P	S	T	U	A

Solution is on page 72.

8
Famous
Americans

Adams	Jefferson
Armstrong	Johnson
Bell	Kennedy
Boone	Lincoln
Crockett	Lindbergh
Edison	Longfellow
Eisenhower	MacArthur
Ford	Revere
Fulton	Twain
Hoover	Whitney

```
C A A B H G R E B D N I L
R C D D E F G H E K I O J
O O A J S L M R L O N E O
C N M T Q R H P L G F A H
K F S P T L F E F F U K N
E G U H Y S J E E O L E S
T N W N T T L R R R T N O
T O H I B L S U E D O N N
V R M A O O H W V J N E O
D T X W N T O I E U H D W
P S N T R H O N R I T Y H
W M V A N F V E E H J G I
E R C E C J E J E N V E T
I A S R K B R C D Y F F N
M I L A C B M C E W E A E
E D I S O N L O C N I L Y
```

Solution is on page 73.

9
Field Trip

Aquarium	Mountains
Bus	Museum
Bus Driver	Park
Chaperon	Planetarium
Concert	Restaurant
Factory	Seashore
Library	Students
Lunch	Teacher
Mansion	Theater
Monument	Zoo

```
A I P R A R Y L C Z K T P
E O L E U E Y U O E R L R
S U A V S S R N N Q A U E
A Q T I Y T O Z C N P N S
E E N R R U T U E R S C T
S D O D A R C T R E T H A
N U I S R N A E T T U A U
I N S U B R F A P A D P R
A O N B I O Q C A E E E A
T M A U L R K H I H N R N
N O M O N U M E N T T O T
U Z O Z B P U R Z U S N E
O Z U S E A S H O R E N A
M L I B A Y E R Z N U I C
A Q U A R I U M A U Q A U
C H A E O N M U I R A T B
```

Solution is on page 74.

10
First-Aid Kit

Ammonia

Antiseptic

Aspirin

Bandage

Blanket

Cotton

Cream

Gauze

Iodine

Ointment

Pads

Peroxide

Pins

Scissors

Splint

Swabs

Tape

Thermometer

Tourniquet

Tweezers

```
A D N A W S R E Z E E W T
G T N I L P S P E A P E I
E H K N A N W P R M T E S
P E R O X I D E L T I Z E
C R E A M N P A A N N I S
A M M O N I A G E I I M A
T O U R N I Q U E T R O N
A M I S V Y C X A H I M T
P E U N W O Q Z M E P E I
E T N O T A P E I R S T S
N E I T E M B A N D A G E
I R O H K E E S D Q S E P
D N T M N N T N O S P D T
O Q T N A M N O T Q I I I
I O D T L A N G A U Z E C
N T M E B S C I S S O R S
```

Solution is on page 75.

23

11
Grammar
Grab Bag

Abbreviations	Noun
Apostrophe	Paragraph
Article	Phrase
Clause	Semicolon
Comma	Sentence
Composition	Speaker
Conjunction	Story
Contraction	Subject
Essay	Syllables
Hyphen	Verb

```
M  P  A  R  A  G  R  A  P  H  H  S  A
M  H  C  S  P  P  A  R  N  Y  P  N  R
O  R  O  T  E  H  N  T  O  P  A  O  T
C  A  M  A  C  M  O  I  U  A  R  I  I
L  S  P  Y  N  I  I  L  B  R  Z  T  C
A  E  O  L  E  C  T  C  J  A  I  C  L
U  E  S  L  T  O  C  E  O  G  C  N  E
S  H  I  A  N  V  A  R  S  L  N  U  H
E  Y  T  B  E  Z  R  S  T  L  O  J  P
L  P  I  J  S  H  T  U  O  S  J  N  O
B  H  O  E  U  Y  N  B  R  P  U  O  R
A  E  N  C  B  C  O  J  Y  E  N  C  T
L  N  O  L  J  O  C  B  A  A  C  O  S
L  U  L  A  E  M  O  R  S  K  E  L  O
Y  O  N  I  C  M  N  E  S  E  R  B  P
S  N  O  I  T  A  I  V  E  R  B  B  A
```

Solution is on page 76.

12
Hit The Road

Alaska	Michigan
Arizona	Nevada
Colorado	New York
Florida	Ohio
Georgia	Oregon
Hawaii	Texas
Idaho	Utah
Iowa	Vermont
Kansas	Virginia
Maine	Wisconsin

W	A	V	B	V	O	N	F	M	C	C	O	G
I	Z	I	C	E	F	E	G	I	T	O	H	E
S	C	R	D	R	E	W	U	C	H	L	I	O
C	F	G	U	M	Z	Y	H	H	C	O	M	R
O	N	I	A	O	V	O	H	I	O	R	J	G
N	T	N	U	N	R	R	H	G	G	A	H	I
S	R	I	N	T	M	K	W	A	K	D	I	A
I	G	A	E	O	A	U	K	N	D	O	R	I
N	O	X	L	S	N	H	H	T	W	I	T	K
E	A	G	B	A	W	A	V	A	Z	N	S	O
S	F	H	C	A	S	I	I	O	W	M	M	L
N	S	A	S	N	A	K	N	R	U	A	C	T
O	P	D	S	K	O	A	A	E	N	I	I	M
C	K	W	N	A	H	G	W	G	M	N	K	I
A	D	I	R	O	L	F	U	O	W	E	T	H
N	I	L	A	D	A	V	E	N	G	S	Y	S

Solution is on page 77.

13
Homework

Assignment	Notes
Calculator	Outline
Detention	Pencil
English	Research
Essay	Ruler
Exams	Science
Grades	Social Studies
History	Study
Library	Test
Math	Workbook

A	E	I	H	S	W	A	L	M	S	Q	T	W
C	D	E	N	H	C	R	A	E	S	E	R	U
L	F	C	A	M	L	I	F	J	M	H	T	G
I	F	N	H	I	S	T	O	R	Y	R	P	S
B	G	E	O	S	X	B	E	D	C	B	E	T
R	W	I	Y	T	I	A	G	K	N	I	N	U
A	H	C	P	V	T	L	S	R	D	E	C	D
R	U	S	E	D	A	R	G	U	M	E	I	Y
Y	K	J	P	U	Y	C	T	N	O	N	L	A
B	O	O	Q	N	M	S	G	E	E	I	R	S
K	O	K	L	V	L	I	S	L	S	L	E	S
C	B	J	R	A	S	I	H	E	H	T	L	E
F	K	L	I	S	Z	D	G	M	T	U	U	X
D	R	C	A	L	C	U	L	A	T	O	R	A
D	O	E	D	E	T	E	N	T	I	O	N	M
S	W	M	C	B	A	E	I	H	P	S	V	S

Solution is on page 78.

14
Inventions

Airplane	Phonograph
Alphabet	Radio
Automobile	Sandwich
Button	Telegraph
Electricity	Telephone
Engine	Telescope
Eyeglasses	Television
Gunpowder	Typewriter
Hammer	Wheel
Microscope	Zipper

R	A	B	H	P	A	R	G	O	N	O	H	P
A	E	L	I	B	O	M	O	T	U	A	P	L
D	P	E	N	O	I	S	I	V	E	L	E	T
I	O	G	R	E	D	W	O	P	N	U	G	E
O	C	H	R	E	T	I	R	W	E	P	Y	T
P	S	M	A	Z	E	L	E	N	H	T	E	L
E	O	Y	T	I	C	I	R	T	C	E	L	E
Y	R	T	Z	P	G	M	W	E	I	L	E	V
E	C	E	B	P	U	I	H	L	W	E	N	L
G	I	B	E	E	H	C	E	E	D	S	G	B
L	M	A	G	R	A	R	R	G	N	C	I	U
A	R	H	H	A	M	A	Z	R	A	O	N	T
S	S	P	M	L	M	D	I	A	S	P	E	T
S	T	L	R	P	E	O	A	P	H	E	R	O
E	N	A	L	P	R	I	A	H	O	N	O	N
S	W	P	E	N	O	H	P	E	L	E	T	E

Solution is on page 79.

31

15
Melting Pot

African	Irish
Australian	Italian
Brazilian	Japanese
British	Korean
Canadian	Mexican
Chinese	Polish
Cuban	Russian
French	Spanish
German	Turkish
Greek	Welsh

```
Z  A  S  H  S  L  E  W  B  R  C  N  Z
I  X  B  S  D  E  S  E  N  A  P  A  J
L  I  R  I  N  A  I  S  S  U  R  M  E
F  C  I  K  G  A  C  R  B  H  C  R  I
M  E  T  R  L  R  K  H  I  F  J  E  D
N  C  I  U  H  Z  G  S  N  S  P  G  E
A  U  S  T  R  A  L  I  A  N  H  G  V
C  B  H  I  N  A  I  L  I  Z  A  R  B
I  A  N  F  Z  A  Y  O  L  X  W  E  U
R  N  A  O  R  C  P  P  A  F  X  E  T
F  R  E  N  C  H  Q  U  T  R  S  K  S
A  U  X  S  T  I  R  I  I  P  O  U  T
N  A  I  D  A  N  A  C  Z  U  R  W  R
N  A  K  J  M  E  X  I  C  A  N  E  B
A  E  X  I  R  S  P  A  N  I  S  H  R
Z  L  K  O  R  E  A  N  N  O  M  Q  Z
```

Solution is on page 80.

16
Metric-Minded

Centimeter

Decimal

Depth

Foot

Gram

Inch

Kilogram

Length

Liquids

Liter

Meter

Milliliter

Millimeter

Ounce

Pound

Solids

Unit

Volume

Weight

Width

```
L  L  C  E  N  T  I  M  E  T  E  R  K
I  I  E  P  C  W  E  I  G  H  T  E  I
Q  T  N  T  H  T  P  M  M  T  I  Z  L
U  Q  U  N  E  O  T  A  I  P  L  L  O
I  U  C  R  E  O  D  L  L  L  O  A  G
D  D  D  E  C  Q  U  I  E  U  G  M  R
S  O  L  O  G  R  S  D  T  M  R  I  A
O  S  O  U  I  O  S  S  E  E  G  C  M
L  I  T  E  R  O  D  D  H  R  H  E  U
D  E  Q  H  T  D  I  W  T  P  T  D  L
S  C  H  R  G  E  L  O  P  H  I  N  V
L  M  T  E  R  C  O  G  E  C  N  U  O
E  C  G  C  O  F  S  R  D  N  U  O  L
N  H  N  U  Q  N  I  A  U  I  O  P  U
G  T  E  R  E  T  E  M  I  L  L  I  M
M  I  L  L  I  L  I  T  E  R  A  M  E
```

Solution is on page 81.

35

17
Monster Madness

Cyclops

Dracula

Dragon

Frankenstein

Gargoyle

Ghost

Giant Squid

Goblin

Godzilla

King Kong

Martian

Minotaur

Mummy

Ogre

Specter

The Thing

Vampire

Werewolf

Yeti

Zombies

```
K I N Y L E T I A G O G R
I A N E N S H I N I G O Y
N I E T S N E K N A R F L
G H O I W E T I Y N E L E
K E N S A G H O S T D O L
O N S W N A I I E S R W F
N R U A T O N I M Q A E E
G N I L B O G U C U G R L
O O E R I P M A V I O E Y
D T D Z O M B Z A D N W O
Z A R C Y C L O P S V G G
I N A I T R A M M A A I R
L G C N O T A B B L M A A
L K U G O B U I L L P M G
A O L M A R R E T C E P S
D N A L L Z I S Z O M U T
```

Solution is on page 82.

18
Pedal Power

Bikers	Helmet
Bumps	Jumps
Course	Motorcycle
Crowd	Mud
Curves	Pedals
Dirt	Race
Finish	Start
Flag	Track
Gear	Wheelies
Handlebars	Winner

```
B O L B U M P B P L U K S
I U D R M O D K S A J C R
K R N S D T L R O G T W T
U W H W H E E L I E S H W
M D O L S T C U U E C E I
P R A M W R E M R R Y L N
C V E T I I F I N I S H M
U S H A N D L E B A R S O
R A E G N C A D U M A I T
V R L P E Y G N M H C N O
E T M E R L T N P D E N R
S F E D T E R E S R U O C
P S T A R T K I S L C C Y
M I G L A U W L E S E U C
U N L S C D H E R T R R L
J S B I K E R S T M A V E
```

Solution is on page 83.

39

19
Pit Stop

Battery	Lights
Brakes	Oil
Carburetor	Plugs
Clutch	Shocks
Engine	Starter
Exhaust	Steering
Filter	Tires
Fuel	Transmission
Generator	Valve
Ignition	Wheels

```
G O R T E R F I L V A S C
N O I S S I M S N A R T A
F U E L L W H E E L S E R
I R E T I R E S G V G E B
E B E N G I H A U E H R U
N R L I G O O T N X T I R
G A S L C I C E G H L N E
I K E K B O R X I A I G T
N E S T A A I P L U G S O
E S R E T R A T S S H C R
E M E O T E R E K T T L X
T I R U E E B R C A S U H
O S O E R R U E I R H T A
R S X H Y I F T L I O C S
E I G N I T I O N N C H U
N O U G S G L R S G L U T
```

Solution is on page 84.

20
Pony Express

Breed

Cavalry

Colt

Hay

Hunting

Jumper

Mail

Mare

Pacer

Palomino

Pinto

Polo

Pony

Racing

Stagecoach

Stallion

Steed

Sugar

Thoroughbred

Trotter

```
A F I T L O C A V A L R Y
B C H M I P R S W T Y A N
O R E C A P T T T X R C O
N E H H M Q O A O T N I P
I B C J O S T M J U J N H
M G J M P T R U P M B G I
O H U N T I N G V R K T H
L C M A R E O A L P U H L
A A P K P C L N C A S M A
P O E N W O O A R R A A N
B C R V B I P A E R E I S
J E L M L L G T H O Q O O
C G U L Y U T E D L O P N
U A A A S O F A E O G N Y
D T H O R O U G H B R E D
S S S T E E D E E R B R E
```

Solution is on page 85.

43

21
Puzzlebuster

Answers	Outsmart
Baffle	Perplex
Challenge	Play
Crossword	Problem
Dazzle	Question
Detect	Rebus
Guess	Riddle
Hidden	Solve
Maze	Think
Mystery	Win

```
C  F  O  T  A  P  M  R  X  K  S  G  R
H  R  I  D  D  L  E  S  Y  P  T  H  S
A  E  O  U  B  A  F  F  L  E  U  I  T
L  B  P  S  B  Y  N  T  Z  R  V  J  M
L  U  P  V  S  K  N  S  A  P  W  K  Y
E  S  R  W  C  W  O  U  W  L  X  L  S
N  G  O  X  D  I  O  Q  B  E  Y  M  T
G  H  B  L  E  N  U  R  C  X  R  N  E
E  I  L  D  V  E  T  V  D  L  Z  S  R
A  J  E  E  S  E  S  H  E  M  A  S  Y
B  K  M  T  F  L  M  I  I  N  B  E  U
C  L  I  E  G  Z  A  D  F  N  C  U  V
D  O  Z  C  H  Z  R  D  G  O  K  G  W
N  A  Q  T  I  A  T  E  H  P  D  O  X
M  M  R  Y  J  D  P  N  I  Q  E  P  Y
E  N  S  Z  Z  L  Q  W  J  R  F  Q  Z
```

Solution is on page 86.

22
Railroad Crossing

Bridge	Signal
Caboose	Steam
Cargo	Ticket
Choo-Choo	Track
Conductor	Traffic
Engineer	Train
Flagman	Travel
Freight	Tunnel
Locomotive	Wheels
Passenger	Whistle

```
I  T  R  A  E  E  W  H  N  N  E  L  K
V  R  R  E  S  T  E  A  M  I  L  T  C
E  A  A  A  E  D  E  O  O  B  A  S  A
I  F  I  K  V  E  L  V  E  L  M  R  R
G  F  C  B  F  E  S  F  F  L  E  E  T
H  I  N  O  L  I  L  K  E  E  T  G  N
T  C  B  O  P  A  S  L  V  N  R  N  A
W  H  E  E  L  S  G  I  L  N  N  E  M
H  O  C  S  E  R  T  N  H  U  I  S  G
I  O  R  E  V  O  O  E  W  T  A  S  A
S  H  A  S  M  W  F  S  I  G  N  A  L
T  C  C  O  N  D  U  C  T  O  R  P  F
L  O  C  O  S  T  T  H  G  I  E  R  F
E  O  O  B  R  I  D  G  E  P  A  S  F
L  H  C  A  R  G  O  C  O  M  F  M  I
H  C  O  C  H  R  E  E  N  I  G  N  E
```

Solution is on page 87.

47

23
School Days

Boarding	Preparatory
Business	Private
College	Public
Day	Secondary
Elementary	Secretarial
Kindergarten	Seminary
Military	Summer
Naval	Sunday
Nursery	Technical
Night	University

Solution is on page 88.

```
K  B  O  P  R  I  E  T  A  V  I  R  P
I  J  Y  T  I  S  R  E  V  I  N  U  R
N  E  A  U  S  E  X  U  P  E  B  H  E
D  I  D  Q  E  C  L  Y  N  L  O  I  P
E  I  N  E  T  O  A  B  I  E  L  N  A
R  H  U  R  M  N  I  C  O  M  M  J  R
G  U  S  E  I  D  R  O  L  E  B  K  A
A  G  K  Y  L  A  A  L  S  N  O  L  T
R  I  I  I  R  I  R  T  L  U  T  A  O
T  F  L  A  T  Y  E  E  M  A  R  V  R
E  V  Q  N  A  V  R  G  M  R  D  A  Y
N  E  M  I  R  E  C  E  E  Y  I  N  E
A  R  W  M  Y  R  E  S  R  U  N  I  G
S  D  N  E  U  W  S  Z  A  B  G  G  C
B  U  Y  S  S  E  N  I  S  U  B  H  F
T  C  O  L  A  C  I  N  H  C  E  T  D
```

24
Score Card

Brett	Mantle
Cobb	Mays
Dent	Palmer
DiMaggio	Robinson
Fisk	Rose
Garvey	Seaver
Guidry	Stengel
Jackson	Torrez
Kingman	Winfield
Lopez	Yeager

```
J  G  U  I  D  R  Y  A  F  B  J  C  W
A  G  B  M  D  C  E  D  F  G  G  K  I
C  U  A  L  M  P  K  I  N  G  M  A  N
K  Y  R  R  K  S  S  J  T  I  W  H  F
S  D  L  C  V  T  M  B  N  A  O  Y  I
O  P  G  Q  F  E  R  J  S  K  T  L  E
N  B  X  E  C  N  Y  W  D  V  F  U  L
Y  R  P  L  Z  G  M  T  A  L  B  G  D
F  T  S  T  E  E  C  N  O  D  K  J  C
T  T  G  N  W  L  O  E  H  R  I  Y  J
R  E  V  A  E  S  B  D  K  M  R  Y  K
G  R  O  M  N  D  B  N  S  R  B  E  C
P  B  D  I  M  A  G  G  I  O  L  A  Z
J  R  B  T  K  S  L  U  F  S  M  G  P
L  O  P  E  Z  B  C  T  V  E  Y  E  A
R  E  M  L  A  P  Y  W  S  W  R  R  B
```

Solution is on page 89.

25
Seeing Double

Arrow	Kiss
Bamboo	Ladder
Battle	Little
Belly	Missile
Boot	Rubble
Cellar	Scoop
Eerie	Screech
Fall	Squeeze
Hammer	Teeth
Hollow	Wheel

M	I	S	S	I	L	E	E	L	T	T	I	L
M	F	G	S	I	L	B	C	L	D	T	I	E
B	S	S	S	O	S	Q	L	E	S	Y	T	P
K	I	H	B	A	T	T	L	E	J	O	A	Y
K	C	O	B	R	T	Q	E	E	W	F	L	Y
O	H	O	L	L	O	W	E	E	L	L	L	A
H	H	R	R	L	J	W	H	T	E	E	T	T
I	K	A	A	R	R	O	W	B	L	L	M	R
S	L	L	W	S	B	P	T	M	A	B	B	N
W	S	L	L	Q	O	O	B	M	A	B	K	W
A	E	E	C	U	O	O	O	B	B	U	U	M
F	S	C	R	E	E	C	H	T	T	R	V	C
F	S	U	R	E	T	S	H	S	K	R	G	L
A	A	D	V	Z	Z	E	I	F	S	T	H	I
L	L	D	M	E	E	R	I	E	N	O	U	J
L	A	D	D	E	R	R	E	M	M	A	H	K

Solution is on page 90.

26
Sports Action

Archery   Racquetball
Basketball   Sailing
Bowling   Skating
Boxing   Skiing
Diving   Soccer
Golf   Surfing
Gymnastics   Tennis
Hockey   Track
Karate   Volleyball
Ping-Pong   Wrestling

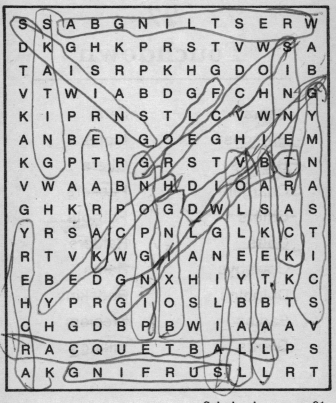

```
S S A B G N I L T S E R W
D K G H K P R S T V W S A
T A I S R P K H G D O I B
V T W I A B D G F C H N G
K I P R N S T L C V W N Y
A N B E D G O E G H I E M
K G P T R G R S T V B T N
V W A A B N H D I O A R A
G H K R P O G D W L S A S
Y R S A C P N L G L K C T
R T V K W G I A N E E K I
E B E D G N X H I Y T K C
H Y P R G I O S L B B T S
C H G D B P B W I A A A V
R A C Q U E T B A L L P S
A K G N I F R U S L L R T
```

Solution is on page 91.

27
Touchdown

Bears	Jets
Broncos	Lions
Browns	Oilers
Chargers	Packers
Chiefs	Patriots
Colts	Raiders
Cowboys	Rams
Dolphins	Redskins
Eagles	Steelers
Giants	Vikings

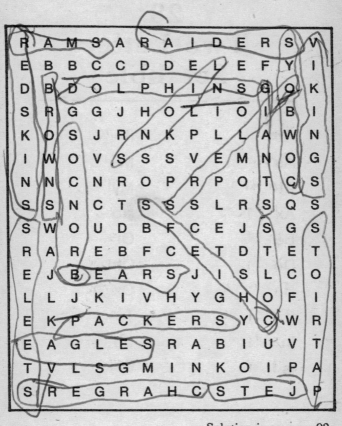

```
R A M S A R A I D E R S V
E B B C C D D E L E F Y I
D B D O L P H I N S G O K
S R G G J H O L I O I B I
K O S J R N K P L L A W N
I W O V S S S V E M N O G
N N C N R O P R P O T C S
S S N C T S S S L R S Q S
S W O U D B F C E J S G S
R A R E B F C E T D T E T
E J B E A R S J I S L C O
L L J K I V H Y G H O F I
E K P A C K E R S Y C W R
E A G L E S R A B I U V T
T V L S G M I N K O I P A
S R E G R A H C S T E J P
```

Solution is on page 92.

28
Two-Letter
Scrabble

Am	It
As	Me
At	My
Ax	No
Be	Of
Do	Oh
He	Ox
If	To
In	Up
Is	We

```
A A M M A B C F J H D I I
I O R N M L E G W W E E I
A T T P Q O O H H K I E S
S R T Y Z X W V U S T R S
O B B E E L H G F M M Y Y
T T M Q N K J I E D C B A
Y T P H H E E R O F F B U
U O S V X I I N Y Z A U O
A O W D B C D E G H J P F
M L N N O O I I F F K P I
N S Q P Q R S U V W Z Y X
M M E E B A C E O O D D F
I O V T R B Q P V M I D G
I Z C G I O X X S L A A X
T B D H J U C W V K J W H
T N E F K T Y X O A A S N
```

Solution is on page 93.

29
Vice Presidents

Arthur	Johnson
Calhoun	King
Clinton	Marshall
Coolidge	Mondale
Curtis	Morton
Dallas	Seward
Dawes	Sherman
Fairbanks	Truman
Fillmore	Tyler
Humphrey	Wheeler

```
M  A  D  C  E  E  R  O  M  L  L  I  F
A  C  B  G  D  G  E  R  U  H  T  R  A
R  C  I  F  M  D  M  G  N  H  O  I  I
S  L  J  N  J  I  O  K  F  L  D  P  R
H  I  M  A  N  L  N  O  K  P  A  E  B
A  N  T  M  M  O  D  D  A  L  L  R  A
L  T  R  R  Q  O  A  Y  T  Y  L  S  N
L  O  U  E  U  C  L  E  T  V  A  W  K
Y  N  H  H  A  C  E  R  B  S  S  I  S
U  C  R  S  D  A  T  H  E  A  N  N  F
G  V  E  H  I  L  G  P  J  G  O  K  O
L  E  L  M  B  H  N  M  H  S  T  O  E
R  P  E  W  Q  O  F  U  N  R  R  J  S
T  A  E  U  C  U  V  H  I  W  O  Y  A
A  D  H  B  R  N  O  T  R  U  M  A  N
S  E  W  A  D  J  S  E  W  A  R  D  E
```

Solution is on page 94.

30
Video
Vocabulary

Alien	Missiles
Arcade	Pac-Man
Asteroids	Qix
Chomp	Quarters
Defender	Score
Donkey Kong	Screen
Fire Button	Spaceship
Frogger	Strategy
Invaders	Win
Joy Stick	Zap

```
P A A B P I H S E C A P S
A S C D E D F C G H I J T
C T U V Q O P O O N W K R
M E T S R N Q R Z A I L A
A R Z A P K R E M P N M T
N O R C M E I C A E F R E
W I E J O Y S T I C K S G
Y D D P H K L L Q I X E Y
Q S N M C O A B U G A L S
U C E K E N U O A G Z I R
I R F R O G G E R E P S E
A E E K Z S T R T R S S D
E E D O C S R E E S C I A
V N O H E D A C R A R M V
B C U H O S T E S S Z E N
F I R E B U T T O N I L I
```

Solution is on page 95.

31
Weather Forecast

Breezy

Cloudy

Cold

Fog

Frost

Hail

Hot

Humid

Hurricane

Lightning

Muggy

Overcast

Rain

Showers

Sleet

Snow

Sunshine

Thunder

Tornado

Windy

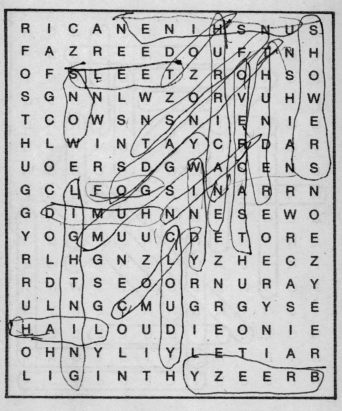

```
R  I  C  A  N  E  N  I  H  S  N  U  S
F  A  Z  R  E  E  D  O  U  F  I  N  H
O  F  S  L  E  E  T  Z  R  O  H  S  O
S  G  N  N  L  W  Z  O  R  V  U  H  W
T  C  O  W  S  N  S  N  I  E  N  I  E
H  L  W  I  N  T  A  Y  C  R  D  A  R
U  O  E  R  S  D  G  W  A  E  N  S  S
G  C  L  F  O  G  S  I  N  A  R  R  N
G  D  I  M  U  H  N  N  E  S  E  W  O
Y  O  G  M  U  U  C  D  E  T  O  R  E
R  L  H  G  N  Z  L  Y  Z  H  E  C  Z
R  D  T  S  E  O  O  R  N  U  R  A  Y
U  L  N  G  C  M  U  G  R  G  Y  S  E
H  A  I  L  O  U  D  I  E  O  N  I  E
O  H  N  Y  L  I  Y  L  E  T  I  A  R
L  I  G  I  N  T  H  Y  Z  E  E  R  B
```

Solution is on page 96.

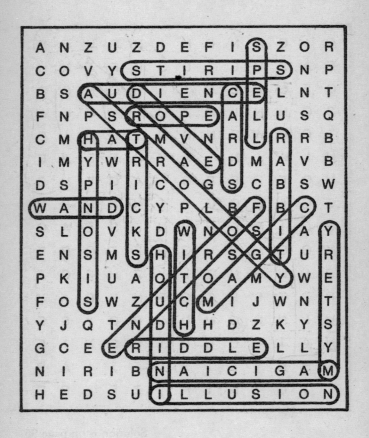

```
A N Z U Z D E F I S Z O R
C O V Y S T I R I P S N P
B S A U D I E N C E L N T
F N P S R O P E A L U S Q
C M H A T M V N R L R R B
I M Y W R R A E D M A V B
D S P I I C O G S C B S W
W A N D C Y P L B F B C T
S L O V K D W N O S I A Y
E N S M S H I R S G T U R
P K I U A O T O A M Y W E
F O S W Z U C M I J W N T
Y J Q T N D H H D Z K Y S
G C E E R I D D L E L L Y
N I R I B N A I C I G A M
H E D S U I L L U S I O N
```

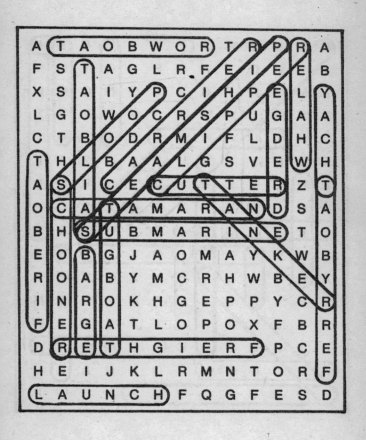

```
A  T  A  O  B  W  O  R  T  R  P  R  A
F  S  T  A  G  L  R  F  E  I  E  E  B
X  S  A  I  Y  P  C  I  H  P  E  L  Y
L  G  O  W  O  C  R  S  P  U  G  A  A
C  T  B  O  D  R  M  I  F  L  D  H  C
T  H  L  B  A  A  L  G  S  V  E  W  H
A  S  I  C  E  C  U  T  T  E  R  Z  T
O  C  A  T  A  M  A  R  A  N  D  S  A
B  H  S  U  B  M  A  R  I  N  E  T  O
E  O  B  G  J  A  O  M  A  Y  K  W  B
R  O  A  B  Y  M  C  R  H  W  B  E  Y
I  N  R  O  K  H  G  E  P  P  Y  C  R
F  E  G  A  T  L  O  P  O  X  F  B  R
D  R  E  T  H  G  I  E  R  F  P  C  E
H  E  I  J  K  L  R  M  N  T  O  R  F
L  A  U  N  C  H  F  Q  G  F  E  S  D
```

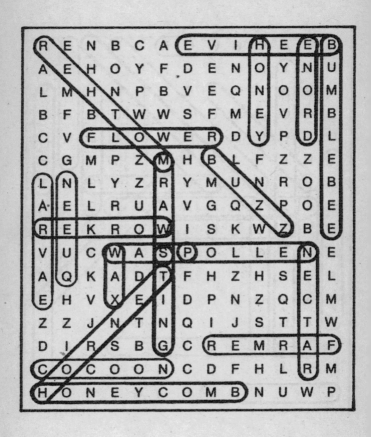

R E N B C A E V I H E E B
A E H O Y F D E N O Y N U
L M H N P B V E Q N O O M
B F B T W W S F M E V R B
C V F L O W E R D Y P D L
C G M P Z M H B L F Z Z E
L N L Y Z R Y M U N R O B
A E L R U A V G Q Z P O E
R E K R O W I S K W Z B E
V U C W A S P O L L E N E
A Q K A D T F H Z H S E L
E H V X E I D P N Z Q C M
Z Z J N T N Q I J S T T W
D I R S B G C R E M R A F
C O C O O N C D F H L R M
H O N E Y C O M B N U W P

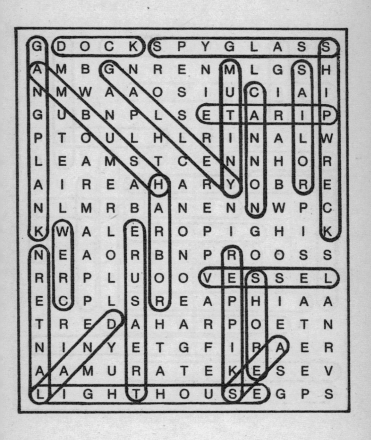

G	D	O	C	K	S	P	Y	G	L	A	S	S
A	M	B	G	N	R	E	N	M	L	G	S	H
N	M	W	A	A	O	S	I	U	C	I	A	I
G	U	B	N	P	L	S	E	T	A	R	I	P
P	T	O	U	L	H	L	R	I	N	A	L	W
L	E	A	M	S	T	C	E	N	N	H	O	R
A	I	R	E	A	H	A	R	Y	O	B	R	E
N	L	M	R	B	A	N	E	N	W	P	C	
K	W	A	L	E	R	O	P	I	G	H	I	K
N	E	A	O	R	B	N	P	R	O	O	S	S
R	R	P	L	U	O	O	V	E	S	S	E	L
E	C	P	L	S	R	E	A	P	H	I	A	A
T	R	E	D	A	H	A	R	P	O	E	T	N
N	I	N	Y	E	T	G	F	I	R	A	E	R
A	A	M	U	R	A	T	E	K	E	S	E	V
L	I	G	H	T	H	O	U	S	E	G	P	S

69

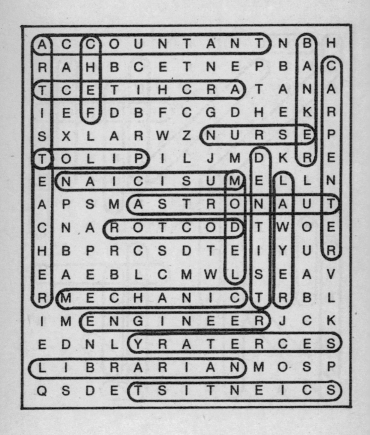

A	C	C	O	U	N	T	A	N	T	N	B	H
R	A	H	B	C	E	T	N	E	P	B	A	C
T	C	E	T	I	H	C	R	A	T	A	N	A
I	E	F	D	B	F	C	G	D	H	E	K	R
S	X	L	A	R	W	Z	N	U	R	S	E	P
T	O	L	I	P	I	L	J	M	D	K	R	E
E	N	A	I	C	I	S	U	M	E	L	L	N
A	P	S	M	A	S	T	R	O	N	A	U	T
C	N	A	R	O	T	C	O	D	T	W	O	E
H	B	P	R	C	S	D	T	E	I	Y	U	R
E	A	E	B	L	C	M	W	L	S	E	A	V
R	M	E	C	H	A	N	I	C	T	R	B	L
I	M	E	N	G	I	N	E	E	R	J	C	K
E	D	N	L	Y	R	A	T	E	R	C	E	S
L	I	B	R	A	R	I	A	N	M	O	S	P
Q	S	D	E	T	S	I	T	N	E	I	C	S

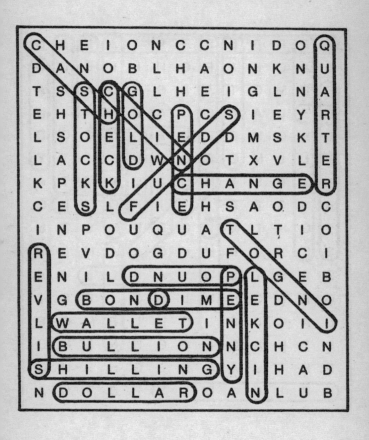

```
C H E I O N C C N I D O Q
D A N O B L H A O N K N U
T S S C G L H E I G L N A
E H T H O C P C S I E Y R
L S O E L I E D D M S K T
L A C C D W N O T X V L E
K P K K I U C H A N G E R
C E S L F I E H S A O D C
I N P O U Q U A T L T I O
R E V D O G D U F O R C I
E N I L D N U O P L G E B
V G B O N D I M E E D N O
L W A L L E T I N K O I I
I B U L L I O N N C H C N
S H I L L I N G Y I H A D
N D O L L A R O A N L U B
```

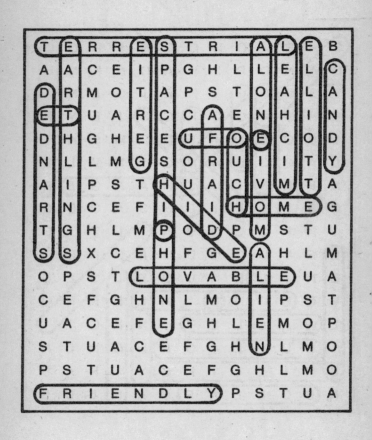

T	E	R	R	E	S	T	R	I	A	L	E	B
A	A	C	E	I	P	G	H	L	L	E	L	C
D	R	M	O	T	A	P	S	T	O	A	L	A
E	T	U	A	R	C	C	A	E	N	H	I	N
D	H	G	H	E	E	U	F	O	E	C	O	D
N	L	L	M	G	S	O	R	U	I	I	T	Y
A	I	P	S	T	H	U	A	C	V	M	T	A
R	N	C	E	F	I	I	I	H	O	M	E	G
T	G	H	L	M	P	O	D	P	M	S	T	U
S	S	X	C	E	H	F	G	E	A	H	L	M
O	P	S	T	L	O	V	A	B	L	E	U	A
C	E	F	G	H	N	L	M	O	I	P	S	T
U	A	C	E	F	E	G	H	L	E	M	O	P
S	T	U	A	C	E	F	G	H	N	L	M	O
P	S	T	U	A	C	E	F	G	H	L	M	O
F	R	I	E	N	D	L	Y	P	S	T	U	A

72

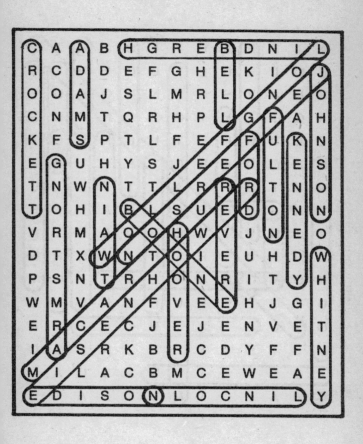

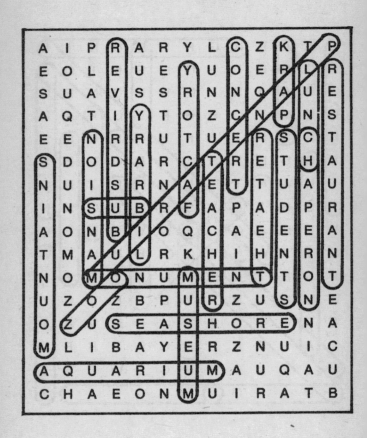

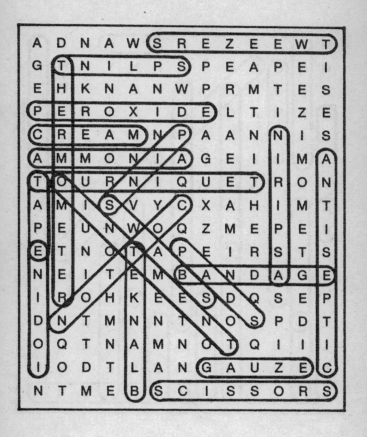

```
A  D  N  A  W  S  R  E  Z  E  E  W  T
G  T  N  I  L  P  S  P  E  A  P  E  I
E  H  K  N  A  N  W  P  R  M  T  E  S
P  E  R  O  X  I  D  E  L  T  I  Z  E
C  R  E  A  M  N  P  A  A  N  N  I  S
A  M  M  O  N  I  A  G  E  I  I  M  A
T  O  U  R  N  I  Q  U  E  T  R  O  N
A  M  I  S  V  Y  C  X  A  H  I  M  T
P  E  U  N  W  O  Q  Z  M  E  P  E  I
E  T  N  O  T  A  P  E  I  R  S  T  S
N  E  I  T  E  M  B  A  N  D  A  G  E
I  R  O  H  K  E  E  S  D  Q  S  E  P
D  N  T  M  N  N  T  N  O  S  P  D  T
O  Q  T  N  A  M  N  O  T  Q  I  I  I
I  O  D  T  L  A  N  G  A  U  Z  E  C
N  T  M  E  B  S  C  I  S  S  O  R  S
```

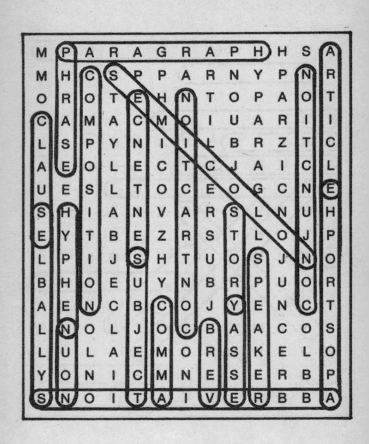

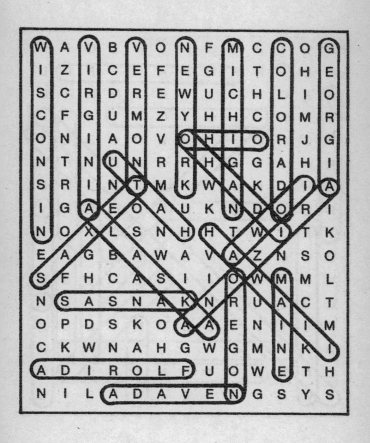

```
W  A  V  B  V  O  N  F  M  C  C  O  G
I  Z  I  C  E  F  E  G  I  T  O  H  E
S  C  R  D  R  E  W  U  C  H  L  I  O
C  F  G  U  M  Z  Y  H  H  C  O  M  R
O  N  I  A  O  V  O  H  I  O  R  J  G
N  T  N  U  N  R  R  H  G  G  A  H  I
S  R  I  N  T  M  K  W  A  K  D  I  A
I  G  A  E  O  A  U  K  N  D  O  R  I
N  O  X  L  S  N  H  H  T  W  I  T  K
E  A  G  B  A  W  A  V  A  Z  N  S  O
S  F  H  C  A  S  I  I  O  W  M  M  L
N  S  A  S  N  A  K  N  R  U  A  C  T
O  P  D  S  K  O  A  A  E  N  I  I  M
C  K  W  N  A  H  G  W  G  M  N  K  I
A  D  I  R  O  L  F  U  O  W  E  T  H
N  I  L  A  D  A  V  E  N  G  S  Y  S
```

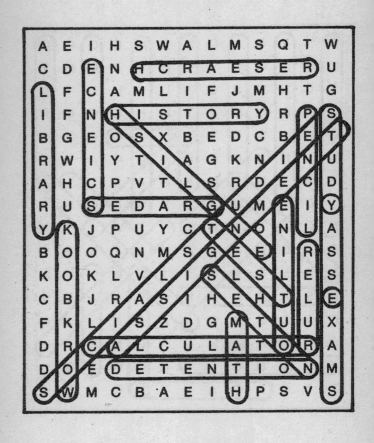

A	E	I	H	S	W	A	L	M	S	Q	T	W
C	D	E	N	H	C	R	A	E	S	E	R	U
L	F	C	A	M	L	I	F	J	M	H	T	G
I	F	N	H	I	S	T	O	R	Y	R	P	S
B	G	E	O	S	X	B	E	D	C	B	E	T
R	W	I	Y	T	I	A	G	K	N	I	N	U
A	H	C	P	V	T	L	S	R	D	E	C	D
R	U	S	E	D	A	R	G	U	M	E	I	Y
Y	K	J	P	U	Y	C	T	N	O	N	L	A
B	O	O	Q	N	M	S	G	E	E	I	R	S
K	O	K	L	V	L	I	S	L	S	L	E	S
C	B	J	R	A	S	I	H	E	H	T	L	E
F	K	L	I	S	Z	D	G	M	T	U	U	X
D	R	C	A	L	C	U	L	A	T	O	R	A
D	O	E	D	E	T	E	N	T	I	O	N	M
S	W	M	C	B	A	E	I	H	P	S	V	S

78

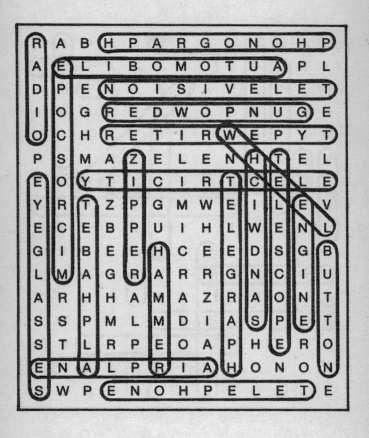

R A B H P A R G O N O H P
A E L I B O M O T U A P L
D P E N O I S I V E L E T
I O G R E D W O P N U G E
O C H R E T I R W E P Y T
P S M A Z E L E N H T E L
E O Y T I C I R T C E L E
Y R T Z P G M W E I L E V
E C E B P U I H L W E N L
G I B E E H C E E D S G B
L M A G R A R R G N I U
A R H H A M A Z R A O T
S S P M L M D I A S P T
S T L R P E O A P H E O
E N A L P R I A H O N N
S W P E N O H P E L E T E

79

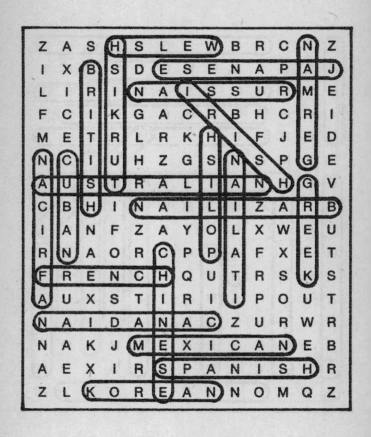

```
Z A S H S L E W B R C N Z
I X B S D E S E N A P A J
L I R I N A I S S U R M E
F C I K G A C R B H C R I
M E T R L R K H I F J E D
N C I U H Z G S N S P G E
A U S T R A L I A N H G V
C B H I N A I L I Z A R B
I A N F Z A Y O L X W E U
R N A O R C P P A F X E T
F R E N C H Q U T R S K S
A U X S T I R I I P O U T
N A I D A N A C Z U R W R
N A K J M E X I C A N E B
A E X I R S P A N I S H R
Z L K O R E A N N O M Q Z
```

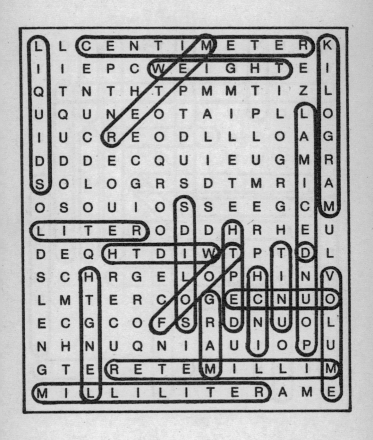

```
L  L  C  E  N  T  I  M  E  T  E  R  K
I  I  E  P  C  W  E  I  G  H  T  E  I
Q  T  N  T  H  T  P  M  M  T  I  Z  L
U  Q  U  N  E  O  T  A  I  P  L  O  O
I  U  C  R  E  O  D  L  L  L  O  A  G
D  D  D  E  C  Q  U  I  E  U  G  M  R
S  O  L  O  G  R  S  D  T  M  R  I  A
O  S  O  U  I  O  S  S  E  E  G  C  M
L  I  T  E  R  O  D  D  H  R  H  E  U
D  E  Q  H  T  D  I  W  T  P  T  D  L
S  C  H  R  G  E  L  O  P  H  I  N  V
L  M  T  E  R  C  O  G  E  C  N  U  O
E  C  G  C  O  F  S  R  D  N  U  O  L
N  H  N  U  Q  N  I  A  U  I  O  P  U
G  T  E  R  E  T  E  M  I  L  L  I  M
M  I  L  L  I  L  I  T  E  R  A  M  E
```

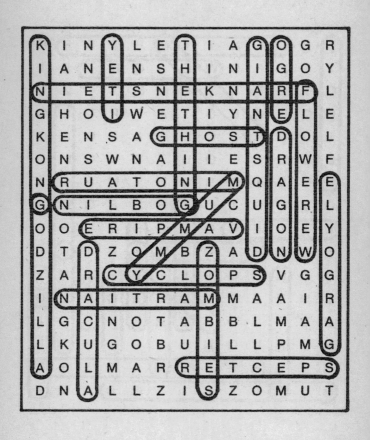

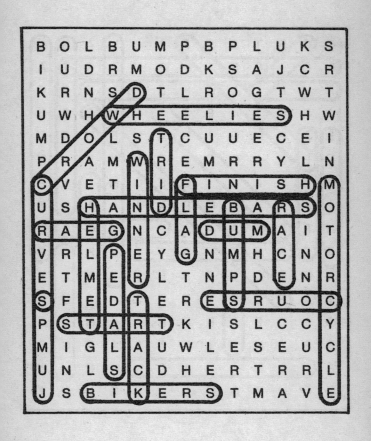

```
B O L B U M P B B P L U K S
I U D R M O D K S A J C R
K R N S D T L R O G T W T
U W H W H E E L I E S H W
M D O L S T C U U E C E I
P R A M W R E M R R Y L N
C V E T I I F I N I S H M
U S H A N D L E B A R S O
R A E G N C A D U M A I T
V R L P E Y G N M H C N O
E T M E R L T N P D E N R
S F E D T E R E S R U O C
P S T A R T K I S L C C Y
M I G L A U W L E S E U C
U N L S C D H E R T R R L
J S B I K E R S T M A V E
```

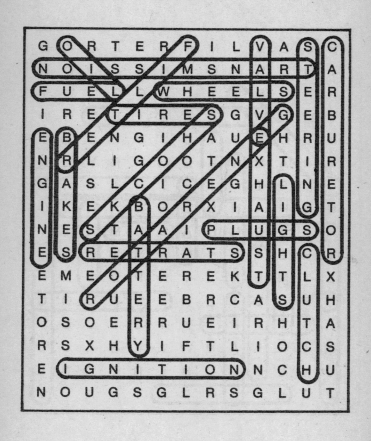

```
G O R T E R F I L V A S C
N O I S S I M S N A R T A
F U E L L W H E E L S E R
I R E T I R E S G V G E B
E B E N G I H A U E H R U
N R L I G O O T N X T I R
G A S L C I C E G H L N E
I K E K B O R X I A I G T
N E S T A A I P L U G S O
E S R E T R A T S S H C R
E M E O T E R E K T T L X
T I R U E E B R C A S U H
O S O E R R U E I R H T A
R S X H Y I F T L I O C S
E I G N I T I O N N C H U
N O U G S G L R S G L U T
```

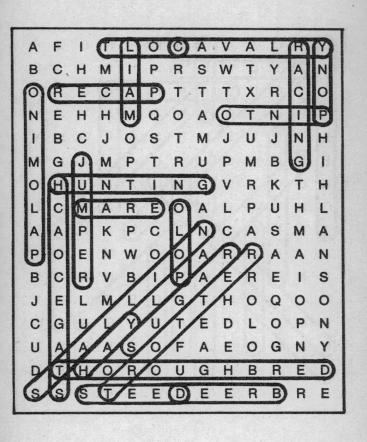

```
A  F  I  T  L  O  C  A  V  A  L  R  Y
B  C  H  M  I  P  R  S  W  T  Y  A  N
O  R  E  C  A  P  T  T  T  X  R  C  O
N  E  H  H  M  Q  O  A  O  T  N  I  P
I  B  C  J  O  S  T  M  J  U  J  N  H
M  G  J  M  P  T  R  U  P  M  B  G  I
O  H  U  N  T  I  N  G  V  R  K  T  H
L  C  M  A  R  E  O  A  L  P  U  H  L
A  P  K  P  C  L  N  C  A  S  M  A  N
P  O  E  N  W  O  O  A  R  R  A  A  N
B  C  R  V  B  I  P  A  E  R  E  I  S
J  E  L  M  L  L  G  T  H  O  Q  O  O
C  G  U  L  Y  U  T  E  D  L  O  P  N
U  A  A  S  O  F  A  E  O  G  N  Y
D  T  H  O  R  O  U  G  H  B  R  E  D
S  S  S  T  E  E  D  E  E  R  B  R  E
```

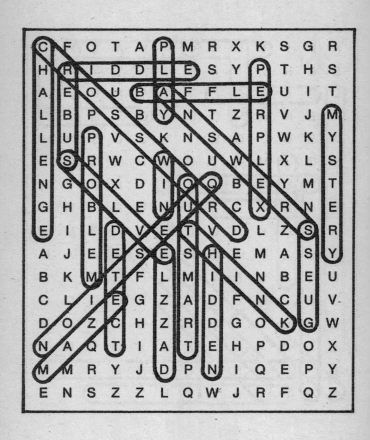

C	F	O	T	A	P	M	R	X	K	S	G	R
H	R	I	D	D	L	E	S	Y	P	T	H	S
A	E	O	U	B	A	F	F	L	E	U	I	T
L	B	P	S	B	Y	N	T	Z	R	V	J	M
L	U	P	V	S	K	N	S	A	P	W	K	Y
E	S	R	W	C	W	O	U	W	L	X	L	S
N	G	O	X	D	I	Q	Q	B	E	Y	M	T
G	H	B	L	E	N	U	R	C	X	R	N	E
E	I	L	D	V	E	T	V	D	L	Z	S	R
A	J	E	E	S	E	S	H	E	M	A	S	Y
B	K	M	T	F	L	M	I	I	N	B	E	U
C	L	I	E	G	Z	A	D	F	N	C	U	V
D	O	Z	C	H	Z	R	D	G	O	K	G	W
N	A	Q	T	I	A	T	E	H	P	D	O	X
M	M	R	Y	J	D	P	N	I	Q	E	P	Y
E	N	S	Z	Z	L	Q	W	J	R	F	Q	Z

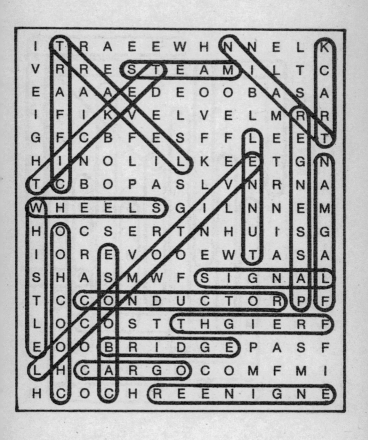

I T R A E E W H N N E L K
V R R E S T E A M I L T C
E A A A E D E O O B A S A
I F I K V E L V E L M R R
G F C B F E S F F L E E T
H I N O L I L K E E T G N
T C B O P A S L V N R N A
W H E E L S G I L N N E M
H O C S E R T N H U I S G
I O R E V O O E W T A S A
S H A S M W F S I G N A L
T C O N D U C T O R P F
L O C O S T T H G I E R F
E O O B R I D G E P A S F
L H C A R G O C O M F M I
H C O C H R E E N I G N E

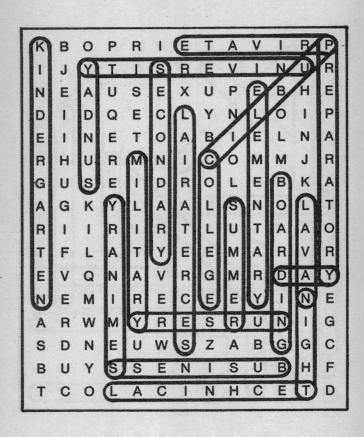

```
K B O P R I E T A V I R P
I J Y T I S R E V I N U R
N E A U S E X U P E B H E
D I D Q E C O L Y N L O P
E I N E T O N B I E L I A
R H U R E C O M M J N R
G U S R M I E L M K A A
A K Y I R O L E B O L T
R I R L A L S A R A O
T F L A I R E L U M A R
E V Q N T V R E G M D A Y
N E M I R E C E E I N E
A R W M Y R E S R U N I G
S D N E U W S Z A B G G C
B U Y S S E N I S U B H F
T C O L A C I N H C E T D
```

88

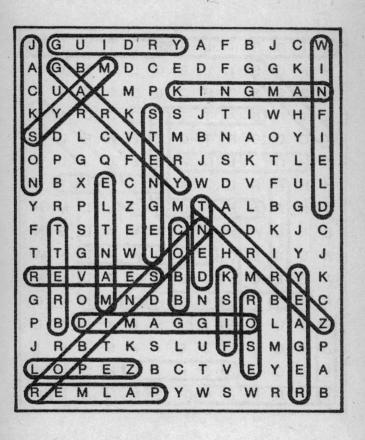

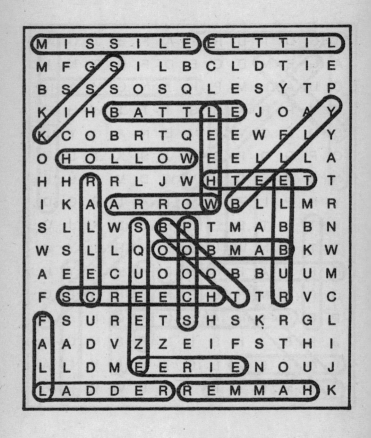

90

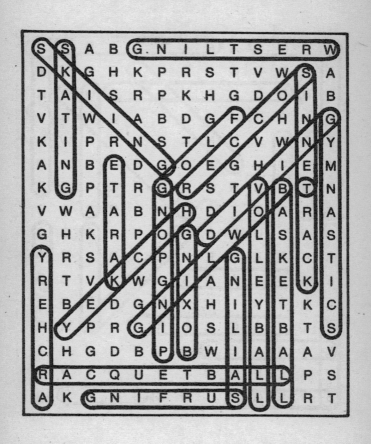

S	S	A	B	G	N	I	L	T	S	E	R	W
D	K	G	H	K	P	R	S	T	V	W	S	A
T	A	I	S	R	P	K	H	G	D	O	I	B
V	T	W	I	A	B	D	G	F	C	H	N	G
K	I	P	R	N	S	T	L	C	V	W	N	Y
A	N	B	E	D	G	O	E	G	H	I	E	M
K	G	P	T	R	G	R	S	T	V	B	T	N
V	W	A	A	B	N	H	D	I	O	A	R	A
G	H	K	R	P	O	G	D	W	L	S	A	S
Y	R	S	A	C	P	N	L	L	L	K	C	T
R	T	V	K	W	G	I	A	N	E	E	K	I
E	B	E	D	G	N	X	H	I	Y	T	K	C
H	Y	P	R	G	I	O	S	L	B	B	T	S
C	H	G	D	B	P	B	W	I	A	A	A	V
R	A	C	Q	U	E	T	B	A	L	L	P	S
A	K	G	N	I	F	R	U	S	L	L	R	T

91

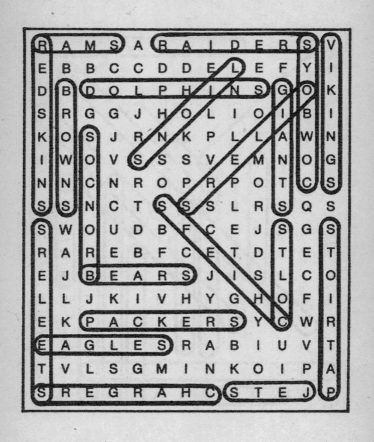

R	A	M	S	A	R	A	I	D	E	R	S	V
E	B	B	C	C	D	D	E	L	E	F	Y	I
D	B	D	O	L	P	H	I	N	S	G	O	K
S	R	G	G	J	H	O	L	I	O	I	B	I
K	O	S	J	R	N	K	P	L	L	A	W	N
I	W	O	V	S	S	S	V	E	M	N	O	G
N	N	C	N	R	O	P	R	P	O	T	C	S
N	S	N	C	T	S	S	L	R	S	Q	S
S	W	O	U	D	B	F	C	E	J	S	G	S
R	A	R	E	B	F	C	E	T	D	T	E	T
E	J	B	E	A	R	S	J	I	S	L	C	O
L	L	J	K	I	V	H	Y	G	H	O	F	I
E	K	P	A	C	K	E	R	S	Y	C	W	R
E	A	G	L	E	S	R	A	B	I	U	V	T
T	V	L	S	G	M	I	N	K	O	I	P	A
S	R	E	G	R	A	H	C	S	T	E	J	P

92

```
A A M M A B C F J H D I I
I O R N M L E G W W E E I
A T T P Q O O H H K I E S
S R T Y Z X W V U S T R S
O B B E E L H G F M M Y Y
T T M Q N K J I E D C B A
Y T P H H E E R O F F B U
U O S V X I I N Y Z A U O
A O W D B C D E G H J P F
M L N N O O I I F F K P I
N S Q P Q R S U V W Z Y X
M M E E B A C E O O D D F
I O V T R B Q P V M I D G
I Z C G I O X X S L A A X
T B D H J U C W V K J W H
T N E F K T Y X O A A S N
```

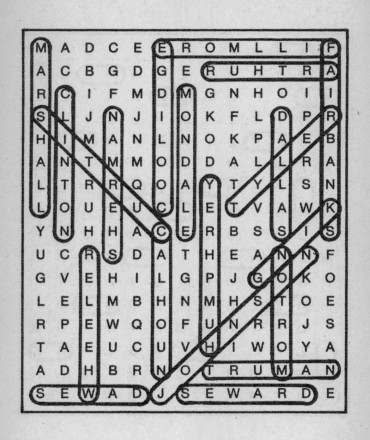

```
M  A  D  C  E  E  R  O  M  L  L  I  F
A  C  B  G  D  G  E  R  U  H  T  R  A
R  C  I  F  M  D  M  G  N  H  O  I  I
S  L  J  N  J  I  O  K  F  L  D  P  R
H  I  M  A  N  L  N  O  K  P  A  E  B
A  N  T  M  O  D  A  D  A  L  L  R  A
L  T  R  R  Q  O  A  Y  T  Y  L  S  N
L  O  U  E  U  C  L  E  T  V  A  W  K
Y  N  H  H  A  C  E  R  B  S  S  I  S
U  C  R  S  D  A  T  H  E  A  N  N  F
G  V  E  H  I  L  G  P  J  G  O  K  O
L  E  L  M  B  H  N  M  H  S  T  O  E
R  P  E  W  Q  O  F  U  N  R  R  J  S
T  A  E  U  C  U  V  H  I  W  O  Y  A
A  D  H  B  R  N  O  T  R  U  M  A  N
S  E  W  A  D  J  S  E  W  A  R  D  E
```

94

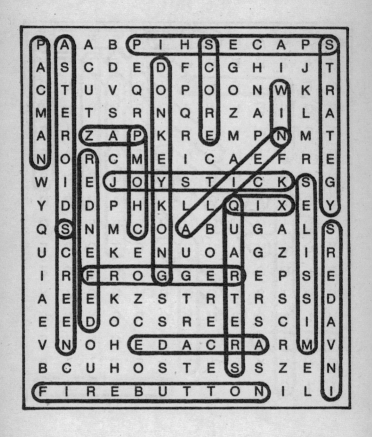

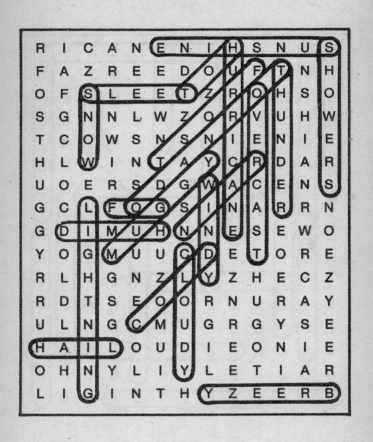

```
R I C A N E N I H S N U S
F A Z R E E D O U F T N H
O F S L E E T Z R O H S O
S G N N L W Z O R V U H W
T C O W S N S N I E N I E
H L W I N T A Y C R D A R
U O E R S D G W A C E N S
G C L F O G S I N A R E N
G D I M U H N N E S E W O
Y O G M U U C D E T O R E
R L H G N Z L Y Z H E C Z
R D T S E O O R N U R A Y
U L N G C M U G R G Y S E
H A I L O U D I E O N I E
O H N Y L I Y L E T I A R
L I G I N T H Y Z E E R B
```